LE CRI D'UN ULTRA,

OU

LE VADE-MECUM

DE L'ÉLECTEUR HONNÊTE HOMME,

SUIVI

DE QUELQUES MOTS SUR LES ÉLECTIONS DE 1818, PAR M. B^MIN CONSTANT.

PAR M. J. V. (DU MIDI).

———◦◦◦◆◦◦◦———

A PARIS,

Chez {
DELAUNAY, Libraire au Palais-Royal, Galeries de Bois, n° 243 ;
PELICIER et PETIT, Libraires au Palais-Royal.

1818.

LE CRI D'UN ULTRA,

ou

LE VADE-MECUM

DE L'ELECTEUR HONNÊTE HOMME.

<div style="text-align:center">~~~~~~~~~~~~~~~</div>

FRANÇAIS,

Si notre révolution datait seulement d'un siècle, on pourrait se tromper sur le résultat des élections ; mais elle ne remonte qu'à vingt-neuf ans. Plusieurs des grands intrigants qui la commencèrent existent encore : demandez-leur quels moyens ils mirent en usage pour arracher

1

le trône de France à huit cents ans de profondes et heureuses racines ; ils vous répondront : Les mêmes, absolument les mêmes que ceux que nos élèves s'efforcent de faire prévaloir aujourd'hui : *liberté, égalité, indépendance.*

Avez-vous déjà oublié les élections de 1791 ? Ne trouvèrent-ils pas, les indépendants d'alors, une constitution toute faite ? ne la jurèrent-ils pas cette constitution ? et comment la traitèrent-ils au 10 août et au 20 septembre 1792 ? Avez-vous perdu la mémoire de la manière dont se forme une *convention ?....* Eh quoi ! sont-elles déjà si loin de vous, ces paroles prononcées naguère du haut de la tribune législative ? *La charte est un contrat unilatéral, un contrat restrictif, consenti par une seule partie :* et, si vous n'avez été sourds, vous avez dû comprendre que l'on vous criait

aux oreilles, que ce *contrat* devait être consenti par les deux, c'est-à-dire, en termes
positifs, qu'il manque à ce pacte l'assenti-
ment, la sanction *du peuple;* et vous savez
ce que ces messieurs, qui ne veulent rien
tenir de la bonté du monarque, entendent
par *le peuple.*

Si nous en croyons les larmes et le repentir des *de Bonnay,* des *Montesquiou,*
des *Lally-Tolendal,* des *Clermont-Ton-
nerre,* des *Lameth,* des *Montmorency,*
des *Talleyrand,* des *Liancour,* et de tant
d'autres novateurs désabusés ; ils furent
égarés par de fausses idées de liberté, d'indépendance; ils furent entraînés, et frayè-
rent, sans le vouloir, le chemin aux ennemis acharnés du trône. Ils vivent ces *cons-
titants;* nous les voyons tous les jours,
et leur exemple, leur sincère repentir ne
nous serviraient de rien ! !

Ils sont vivants aussi la majeure partie de ces intrigants à qui nos troubles et leurs crimes donnèrent des châteaux, des richesses énormes, des rubans, des cordons, qu'ils nous payèrent avec ces grands mots redevenus à la mode : *liberté, égalité, indépendance ;* ils sont vivants, ils sont devant vous, et vous les enverriez de nouveau attiser un feu mal éteint ! il est vivant ce soi-disant *vétéran de la liberté, ce vendeur de roi, ce vieil Iscariote ;* il est vivant, et vous souffririez que quelques intrigants comme lui vous arrachassent vos suffrages pour le mettre en présence de l'auguste frère de Louis XVI, de la fille de Marie-Antoinette, pour le faire député ! ! !

Non, fidèles électeurs, non ; vous tromperez leur attente ; vous nommerez des hommes attachés à tous les devoirs d'un

bon Français, attachés à la monarchie,
seule forme de gouvernement qui nous
conviène; attachés à cette dynastie aimante
dont la plus belle de toutes les qualités est
d'être française, et française dans toute
l'acception du mot. Vous nommerez des
pères de famille attachés à la religion,
seule source de toute morale; vous nommerez d'honnétes gens enfin, qui ne se font
point un jeu de la foi des serments; qui,
satisfaits des concessions du monarque, le
seconderont de tous leurs efforts, pour
nous rendre moins amers les souvenirs de
la révolution.

Défiez-vous de tous ces hommes à sys-
tème, qui ne vous parlent que d'améliora-
tions, tandis qu'au fond du cœur ils ne
pensent qu'à désorganiser.

Voulez-vous ne plus commettre d'erreurs? reportez-vous toujours au passé ; ayez-le toujours présent à la mémoire ; lui seul peut vous mettre à l'abri de l'intrigue ; informez-vous du nom des auteurs soi-disant indépendants qui vont vous inonder de leurs écrits au moment des élections ; joignez-les aux candidats qu'ils vous proposeront, et vous verrez *la belle clique.*

Pères de famille, paisibles négociants, bons agriculteurs, qui n'avez jamais figuré dans nos dissensions que comme *holocaustes* ou d'argent ou d'enfants, nommez-vous, donnez-vous réciproquement vos voix ; venez à la chambre des députés, et vous comblerez les vœux de notre bon Roi, et la France sera heureuse et tranquille.

Bannissez de votre présence, et surtout de vos listes, ces hommes fourbes qui viendront vous parler de vos droits ; à coup sûr ils ne sont pas sincères. Qui mieux que Louis les a reconnus ces droits? Ah! par reconnaissance, ne pensons qu'à nos devoirs. *Mes droits comme Français !* je les retrouve bien mieux dans le cœur des Bourbons, que dans les discours emphatiques et menteurs d'un *Chauvelin*, d'un *Bignon* ou d'un *Etienne*. Ah! Bonaparte, si dans ton île, où te conduisirent ton insatiable ambition et ta soif inextinguible du sang français, tu peux apprendre que nos libertés sont défendues, sont protégées par ces trois champions, pourras-tu *risum tenere ?*

Electeurs, je ne cesserai de vous le répéter : voulez-vous la tranquillité, voulez-vous jouir de tout ce que la bonté du monarque vous a concédé? rejetez loin de vous les insinuations perfides de ces éternels perturbateurs de notre belle France.

Leurs moyens s'usent tous les jours ; ils n'osent déjà plus vous parler du retour de la dîme, de la restitution des biens nationaux ; ils savent que la volonté du Roi, immuable comme la justice qui la dicta, assure à jamais la propriété de tous. Il ne leur reste donc, pour tout cheval de bataille, que *l'indépendance ;* triste ressource, dont ils comprendront mieux l'inefficacité lorsqu'ils vous verront réunis !

Ce sera vainement qu'ils auront colporté dans tous les départements qui élisent cette année, leurs quarante démagogues ; vous repousserez avec indignation le flux pestilentiel qui vous les apporte.

Considérez comme une vérité éternelle, que le jour où ces hommes obtiendraient la majorité, la charte, ce bienfait de l'amour du monarque, serait traitée comme la constitution de 1791.

Pourriez-vous en douter, lorsque le plus effronté d'entre eux, *Bignon*, dans son ardeur impatiente, fait entrevoir une époque où la couronne de France pourrait devenir élective. A la vérité cette œuvre du démon est offerte *diis ignotis*.

Et voilà les hommes qui se disent les défenseurs exclusifs de nos libertés, les seuls, les vrais amis du peuple !

Electeurs de Paris, savez-vous quel est le jour où je vous donne ces avis salutaires? C'est le 2 septembre ; il y a vingt-six ans aujourd'hui..... Vous frémissez, Parisiens ! Ils se disaient aussi les *indépendants par excellence....* c'est au nom de *la liberté*, de *l'égalité....* Ah ! que tant d'horribles souvenirs vous arrêtent sur le bord du précipice.... il ne vous resterait pas même la faible excuse de vos pères qui, à cette époque, s'éloignèrent des élections, et abandonnèrent la place à l'intrigue et au crime, par crainte ou par faiblesse.

Courez-y donc à ces élections, faites-vous-en un devoir sacré ; ralliez-vous tous, paisibles agriculteurs, honnêtes négociants, estimables rentiers, bons propriétaires, industrieux artisans, courez-y ; mais surtout nommez vos délégués parmi vous ; qu'une fausse honte ne vous retiène pas. Vous possédez tout ce qu'il faut pour faire de bons, de loyaux, de parfaits députés, *la probité* et *le bon sens* ; courez aux élections, faites de bons choix ; parmi vous vous n'en sauriez faire de mauvais. Un honnête homme, dans toute l'acception du mot, n'a jamais été un révolutionnaire ; ralliez-vous, prenez pour devise : *Dieu, le Roi, sa Famille et la Charte*, et vous verrez pâlir tous les intrigants. Venez aider le monarque à renverser pour toujours la barrière que certains hommes s'efforcent de relever entre la paix et la France; courez aux élections, et qu'une seconde fois dans trente ans, on puisse s'écrier : *La faction des honnêtes gens s'est enfin montrée.*

Quel plus beau moment pourriez-vous choisir?... Louis, qui ne sait que réparer ce qu'il n'a point détruit, nous rend tous les monuments de notre ancienne gloire. *Henri IV* déjà sourit aux Parisiens, et bientôt *Louis-le-Grand* les environnera de l'éclat de sa majesté. *Lyon, Bordeaux, Marseille, Nantes, Lille, Toulouse, Montpellier, Nérac,* et tant d'autres villes, s'empressent à l'envi, de rehausser leur éclat par la réérection de statues vénérées; et le voyageur, après avoir parcouru la France, frappé de tant de merveilles, l'ouvrage des Bourbons pendant trois siècles, rentrera dans Paris, pour mettre le comble à son admiration et à son amour, en trouvant réunies dans le palais des Tuileries toutes les vertus qui firent l'ornement de cette noble race.

Paris, Lyon, Lille, Coutances, Metz, le Mans, Vesoul, Bourbon - Vendée, Bourg, Mâcon, Tarbes, Mont-de-Marsan, Tulles, Montbrison, Montauban, Nevers, Melun, Nîmes, Châteauroux, le reste de la France vous contemple ; il vous était réservé d'abattre la dernière tête de l'hydre ; vous ne refuserez pas cet honneur.

Si vous doutiez encore des intentions de ces prétendus indépendants, leurs ouvrages vous les annoncent clairement ; celui de M. Berton surtout, intitulé : *Considérations sur les élections prochaines.* Si vous prenez la peine de le parcourir, vous trouverez à la page 2, que *la chambre des députés des cent jours ne parvint à sauver la patrie qu'à l'aide de Lafayette.*

Plus loin, à la page 22, c'est M. Berton qui parle : *Si j'avais l'honneur d'être député* (Dii talem avertite pestem), *à chaque ordonnance que le Roi rendrait, je demanderais, avec cinq de mes collègues, un comité secret pour assujétir ladite ordonnance à la sanction de la chambre.*

A la page 26 : *Il n'y a de bonnes élections que celles qui se font en Angleterre, par la force du peuple* (1).

A la page 38, nouvelle exhortation à

---

(1) A grands coups de poing.

mettre en usage en France le mode d'é-
lections anglaises.

A la page 44, M. Berton avoue qu'il
n'ose donner des conseils aux départements
de *la Vendée* et de *la Sarthe* ; il a peut-
être la conviction qu'ils y seraient mal ac-
cueillis.

Electeurs, tous ces ouvrages vous par-
viendront, si vous ne les avez déjà reçus.
On vous y présente des candidats qui doivent vous être connus, et que certes vous
apprécierez sous le rapport de la légitimité
et sous le rapport des droits incontestables
de la dynastie des Bourbons à la couronne
de France.

Comme il pourrait se faire que l'ouvrage
des indépendants qui vous est transmis par
M. Berton vous laissât quelques doutes sur
les intentions de ces messieurs, je joins ici

une nomenclature des candidats qu'ils vous proposent pour environner les Bourbons de respect et d'amour ; je me suis permis sur chacun de ces messieurs une petite note qui pourra bien vous soulever un coin du voile.

Candidats que les indépendants proposent à MM. les Électeurs, par l'organe de M. Berton.

AIN.

Girod de l'Ain, député des cent jours ;
Riboud, député des cent jours.

CORRÈZE.

Bédoch, député des cent jours.

FINISTÈRE.

Lamartinière, député des cent jonrs ;
Guilhem, député des cent jours ;
Kerillis Kalloch, député des cent jours.

(16)

GARD.

Pyeyre, député des cent jours ;

Benjamin Constant, auteur de l'acte additionnel des cent jours.

INDRE.

Taillepied de Bondy, député des cent jours ;

Charlemagne, député des cent jours.

LOT.

Bailly, député des cent jours ;

Durosnel, la cocarde tricolore le 7 juillet 1815.

LOIRE.

Popule, député des cent jours ;

Lachèze, député des cent jours ;

Piégay, député des cent jours ;

Bruyas, député des cent jours ;

Fonins (1) ;

Thiolière (1).

---

(1) Cette nomination pour le département de la Loire appartient au correspondant électoral, venant toujours de la même source.

MANCHE.

Delaville, député des cent jours;
Asselin, député des cent jours;
Clément, député des cent jours.

LANDES.

Le baron Garat.

MOSELLE.

Rolland, député des cent jours;
Barthélemy, député des cent jours;
Grenier, député des cent jours;
Etienne, la franchise des journaux dans les cent jours.

NORD.

Kennig, député des cent jours;
Bouvier, député des cent jours;
Harpin, député des cent jours;
Dumoulin, député des cent jours;
Farez, député des cent jours.

NIÈVRE.

Dupin, père.

PYRÉNÉES-BASSES.

Basterèche, député des cent jours.

RHONE.

Bissardot, député des cent jours ;
Lombard, député des cent jours.

SEINE.

Lafayette, député des cent jours ;
Gilbert des Voisins ;
Manuel, député des cent jours ;
Trippier, député des cent jours.

SEINE-ET-MARNE.

Le duc de Praslin ;
Lafayette ;
Durosnel.

TARN-ET-GARONNE.

Combe-Dounous, député des cent jours.
Gay, député des cent jours.

Voilà les hommes que les indépendants
vous présentent comme les seuls capables

d'assurer votre bonheur et vos franchises nationales; électeurs, pourriez-vous hésiter à les nommer? *la Bibliothèque historique, les Lettres normandes, la Minerve, l'Homme gris et M. Berton,* vous les garantissent.

Vous demanderez peut-être comment il se fait que les *vertus civiques* de tous ces candidats soient connues des indépendants qui les proposent? Rien de plus simple; les indépendants ne les connaissent pas. Mais ces hommes figurèrent aux *cent jours;* mais ces hommes vociférèrent l'exclusion des Bourbons....; mais ces hommes firent une déclaration....; mais ces hommes protestèrent.....; mais leur protestation est là....; et si, à chaque série sortante, les indépendants peuvent faire nommer une trentaine de ces messieurs, la chambre se trouvera un beau matin en majorité indépendante.... et alors.... — Alors ? — Alors, messieurs les indépendants corrigeront l'*unilatéralité* de l'acte, alors ils feront valoir qu'en juillet 1815 leur chambre fut dissoute par *la force des baïonnettes*; que réunie une seconde fois par *la toute-puissance du peuple*, son premier soin doit être de rappeler tous ses membres éloignés par *l'oppression*, et de reprendre ses travaux si sagement commencés au *champ de mai*, et si *tyranniquement* suspendus au 8 juillet 1815. — Et la charte ? — La charté, devenue *bilatérale* par la sanction des assemblées primaires, arrangée avec des variantes à la *Voyer*, portera en tête, en face de son sage préambule, ce fameux *bill des droits* que les *estimables* citoyens *Barrère*, *Cambon*, *Merlin*, *Garrat*, *Garrau*, et quelques autres, rédigèrent si *indépendamment*, et que la force de ces maudites baïonnettes leur fit ajourner à des temps plus opportuns.

Electeurs, à moins d'être dépourvu, de toute espèce de bon sens, de toute sanité de jugement, il est impossible de ne pas demeurer convaincu que des hommes qui, en 1818, demandent à tue-tête tous les députés qui formaient la chambre des *cent jours*, ne veulent autre chose que l'anéantissement de la légitimité, de la charte et de l'auguste famille des Bourbons.

Et pourrait-on en douter? Quand ces indépendants par excellence ne prènent plus la peine de déguiser leurs intentions; quand, sur quarante députés à élire, ils en proposent trente-cinq ennemis acharnés du gouvernement et de la dynastie régnante ; quand cet acharnement, manifesté d'une manière si indécente, si audacieuse, se trouve consigné dans un écrit authentique, écrit dont ils commencent à se targuer, et qu'ils prétendent bien devoir leur servir un jour, pour arriver à toutes les dignités.

Honnêtes gens, vous déjouerez toutes ces manœuvres; vous le pouvez. Fermez la porte de la chambre à l'intrigue; courez aux élections, nommez-vous; réunissez toutes vos voix pour envoyer à la chambre des hommes pris dans votre sein; n'écoutez que la terreur que doivent vous inspirer les parjures qu'on vous propose. Environnez le monarque de votre amour et de vos services; si vous l'abandonniez aux vœux coupables de ses ennemis, bientôt vos larmes et votre repentir tardifs et inutiles vous assimileraient à ces constituants de 1789, qui ne s'attendaient pas non plus aux horreurs qui suivirent leur élan *d'égalité* et *d'indépendance*.

Qu'on ne viène pas vous dire que la position de la France n'est pas aujourd'hui ce qu'elle était en 1789 ; c'est absolument la même. D'un côté, un roi sage et vertueux, qui n'est mu que par un seul désir, le bonheur de tous ses sujets ; de l'autre, des intrigants qui cherchent à tout bouleverser pour s'emparer du pouvoir, et derrière ces intrigants, tous les crimes de 1793.

Méprisez leurs vaines clameurs et leur faux apitoyement sur le sort de la France ; la France restera ce qu'elle a toujours été sous ses rois, *le premier peuple du monde.* Vingt-cinq ans de tyrannie anarchique n'ont rien pu sur son noble caractère qu'elle porta tout entier dans les camps, pour ne pas le voir flétrir dans l'intérieur.

L'Europe l'a retrouvée, cette belle

France, au 3 mai 1814 et au 8 juillet 1815; l'Europe l'a retrouvée, la respectera et l'honorera, tant qu'elle sera respectable et honorable , ce qu'elle cesserait bientôt d'être, si elle redevenait la proie de l'intrigue et de l'anarchie.

Non, vous ne comblerez point l'attente sacrilège de quelques hommes qui, depuis vingt-cinq ans, se vautrent dans la fange de l'illégitimité ; non, honnêtes électeurs, vous ne leur frayerez point le chemin du trône de Louis XVI : ils en précipiteraient l'héritier de toutes ses vertus.

La France relevée de tant d'épouvantables secousses, la France pacifiée, belle et florissante par la sage administration de son monarque, est pour ces hommes un tourment indicible : ils tenteront tout pour la bouleverser de nouveau. Les Bourbons et la paix sont, pour ces prétendus indépendants, la tête de Méduse. Terrifiez-les de ce superbe talisman ; que vos colléges assemblés retentissent de ce cri *royal* et *seul national : Les Bourbons et la paix.*

Digne héritier de *Henri IV* et de *Louis-le-Grand* , *Louis-le-Désiré* , si jaloux de ramener la paix en France, saurait montrer à ses neveux, à ses enfants, à tous ses jeunes sujets enfin, le chemin de l'honneur et de la gloire, si la patrie menacée demandait leur secours ; mais la sagesse de Louis nous répond de la paix de l'Europe.

Livrez-vous donc avec sécurité à toutes les douces espérances que son règne fait concevoir ; environnez le monarque d'hommes sages, probes et français, et le flot impuissant de l'anarchie viendra se briser contre la digue que vous lui aurez élevée.

Que vous présentent ces indépendants ?

Le renversement de tout ordre social, la substitution du pouvoir populaire à toute espèce de gouvernement, et enfin des guerres étrangères, des guerres intestines qui, après des années de désolation, de meurtres et de pillage, se termineront par l'abandon de l'autorité la plus absolue, la plus tyrannique, au premier intrigant assez audacieux pour s'écrier : JE LA PRENDS.

A quelle époque de notre ère la France fut-elle plus glorieuse, plus brillante, que sous la dynastie des Bourbons? A quelle époque le commerce, les arts, les manufactures, les sciences et les lettres furent-ils portés à un plus haut degré de perfection et d'encouragement? et s'il faut absolument marcher à la clarté vacillante des lumières du siècle, qui, mieux que Louis, peut guider leur flambeau, sans embraser l'édifice?

En 1791, les indépendants *Carra*, *Marat*, *Camille Desmoulins*, *Hébert*, criaient à vos pères ce que vous crient aujourd'hui *Etienne*, *Berton*, *Chevalier*, *Jouy*, *Darming*, *Jousselin-Lasalle*, *Léon Thiessé*, *Tissot*, *Benjamin-Constant* et quelques autres. Nommez tels et tels, leur disaient-ils ; ceux-là sont les seuls, sont les vrais patriotes, qui ne veulent plus de rois, plus de Bourbons. Lisez *la Minerve*, *les Lettres normandes*, *la Bibliothèque historique*, et vous verrez que les descendants n'ont pas dégénéré des vertus de leurs ancêtres.

Accusés et convaincus d'imposture à la face de l'Europe, c'est pour eux un sujet de redoubler leurs attaques. Le cachet d'infamie que vient de graver sur leur front le noble colonel d'artillerie Dalphan, au sujet d'une prétendue conversation avec

M. le comte de Noailles, doit vous prouver le peu de cas que méritent des avis donnés par de pareils hommes. Ah ! si les députés des *cent jours* ne vous étaient déjà connus, la crainte qu'ils ne ressemblassent à ceux qui vous les proposent, devrait seule vous retenir.

Honnêtes électeurs, ces vérités sont au fond de votre âme ; vous les rappeler, c'est prévenir tous les dangers ; vous montrer les criminelles espérances des indépendants, ce sera les anéantir.

QUELQUES MOTS

SUR

LES ÉLECTIONS DE 1818,

PAR M. BENJAMIN CONSTANT.

ELLE est accouchée cette montagne; et ce fameux ouvrage sur les élections, si pompeusement annoncé par *la Minerve*, vient enfin de paraître!

Si M. Benjamin Constant, son auteur,

avait quatre-vingts ans, on pourrait dire
de lui ce que Poinsinet disait de Voltaire :
Il se fait vieux. *Il se répète ;* car on retrouve dans les soixante premières pages
de ce pamphlet, qui n'en contient que
quatre-vingts, tout ce dont ces publicistes,
à tant la feuille, nous assomment depuis
que l'esclavage de la presse leur permet
d'injurier ce que la monarchie a de respectable, et ce que les honnêtes gens ont de
plus sacré.

Les vingt dernières pages de cet avorton
politique sont des avis directs aux électeurs.
Ecoutons M. Benjamin :

« Electeurs, ne nommez pas de ces an-
» ciens serviteurs du Roi ; ces gens-là ne
» sont pas à la hauteur de nos concep-
» tions. Cette caste s'éteint tous les jours :
» dans peu, grâce aux progrès des lu-

» mières, nous n'en compterons plus dans
» nos assemblées nationales; qu'y feraient-
» ils d'ailleurs, ces hommes accoutumés à
» ne voir, à ne juger, à n'agir que d'a-
» près l'impulsion du seul sentiment qui
» les anime, l'amour de leur maître?

« Electeurs, ne nommez pas de nou-
» veaux serviteurs du Roi; ces hommes,
» qui tiènent leur état, leurs places, du
» monarque, ne sauront jamais lui ré-
» sister avec cette stoïque fermeté d'un
» *Chauvelin*, d'un *Bignon*, *qui n'ont*
» *pas de places.*

» Electeurs, nommez-nous, nous au-
» tres indépendants; c'est le seul parti
» qui vous reste; nommez - nous, et
» vous serez heureux, vous jouirez de
» toutes vos franchises : nos actions par-
» lent pour nous; on ne nous vit jamais
» fléchir devant la puissance.

» Les divers agents des hommes qui,
» pendant vingt-cinq ans, se partagèrent
» le pouvoir, peuvent-ils se flatter de nous
» avoir jamais comptés dans leurs rangs?
» Et cet *acte additionnel aux constitu-*
» *tions de l'empire*, que l'on me repro-
» che avec tant d'acharnement, n'est-il
» pas, au contraire, la preuve la plus
» convaincante de mon courage et de mon
» amour pour la vraie liberté? Je dis, mon
» courage, et certes il y en avait à soutenir
« au tyran qu'il ne pouvait régner que
« par le peuple. Je conviens qu'il y en
» aurait eu davantage à le lui dire quand
» il partait pour Moscow, à la tête de
« cette belle armée ; mais je ne jugeai
» point que le moment fût favorable, et
» je réservai tous mes moyens de persua-
» sion pour une autre circonstance. Elle
» se présenta en mars 1815 ; je la saisis

» aux cheveux : vous vîtes alors comme
» j'osai parler au despote. Voilà des titres
» avérés à l'indépendance ; voilà de justes
» titres à la candidature, titres qu'on doit
» hautement avouer, et à l'aide desquels
» on ne saurait se présenter avec trop de
» confiance aux départements qui ont à
» renouveler leurs choix cette année.

» Oui, c'est plein de cette noble assu-
» rance qu'inspire la conviction de son
» propre mérite, que je viens vous dire,
» électeurs de Nîmes ou de Metz (cela
» m'est égal), nommez - moi, faites - moi
» député ; je suis indépendant, jamais je
» n'accepterai de place, et l'on me verra
» toujours à la brèche contre le gouver-
» nement du Roi. Faudra-t-il parler pour
» vos intérêts particuliers, Nîmois ? je ton-
» nerai contre l'impôt sur vos huiles,
» contre les énormes droits perçus sur vos

3

» eaux-de-vie, contre les persécutions que
» ce misérable Gili et sa bande noire de
» l'avaunage (1) vous firent éprouver dans
» les *cent jours*. Lorrains, je ne dormi-
» rai plus que je n'aie obtenu la franchise
» de tous vos lards, après célle de toutes
» vos libertés.

» Mon collégue Etienne, indépendant
» comme moi, vous offre les mêmes ga-
» ranties ; il vous offre de plus une caution
» individuelle de son ardeur pour les fran-
» chises nationales : c'est M. Savary qui,
» ne pouvant se présenter, attestera de
» toutes les manières que, sous son ad-
» ministration, M. Etienne, qu'il avait
» chargé de la partie littéraire et drama-

---

(1) Nous pensons que l'auteur a erré dans cette cita-
tion, et que ce n'est pas de ce genre de persécutions que
M. Benjamin a voulu parler ici. (*Note de l'éditeur.*)

» tique, se conduisit si bien que lui Sa-
» vary ne put lui refuser son estime et sa
» confiance.

» Je ne vous ferai pas l'injure de penser
» qu'après tant et de si beaux titres à la
» candidature, vous puissiez hésiter un
» instant à nous envoyer grossir la pha-
» lange des libéraux, des indépendants de
» la chambre des députés. Que n'avez-
» vous pas à attendre, pour la tranquil-
» lité, pour le bonheur de la patrie, de
» notre réunion avec *Chauvelin*, *Bignon*,
» *Voyer d'Argenson* et quelques autres?
» Si, dans l'isolement de l'indépendance,
» ils ont su développer un si noble carac-
» tère, que ne feront-ils pas appuyés de
» quelques nouveaux *orateurs* (*sans mis-*
» *sion*) tels que nous, qui savons, par
» l'exemple de nos prédécesseurs, que la
» majorité n'a pas toujours fait loi dans

» nos assemblées ? On est bien fort quand
» on parle pour *l'indépendance* de son
» pays, et que l'on a *pour soi* vingt-cinq
» ans de conduite irréprochable en poli-
» tique.

» Nous ne vous demandons pas de man-
» dat; vous devez juger de ce dont nous
» sommes capables, nos écrits vous disent
» assez quel est notre but; envoyez-nous à
» la chambre, nous et les nôtres, et nous
» ne laisserons rien à désirer, même aux
» plus exigeants *en indépendance*. Oui,
» si vous secondez nos efforts, nous espé-
» rons dans peu réduire le gouvernement
» du Roi à ne rien entreprendre sans notre
» autorisation. Voyez comme nous lui
» parlons déjà de son dernier emprunt
» dans notre Minerve, *délassement des*
» *pachas d'Asie;* que sera-ce lorsque, por-
» tés par votre puissance à la tribune lé-

» gislative, objet de tous nos vœux, nous
» pourrons, en invoquant la charte, dire
» tout ce que nous pensons, sans avoir
» peur de M. Marchangy. M. Marchangy!
» ô Voltaire! ô Montesquieu! patriarches
» de l'indépendance, que de larmes n'a-
» vez-vous pas dû verser en apprenant
» que nos amis, vos jeunes successeurs,
» *Riouste* et *Chevalier*, *Dunoyer* et
» *Thiessé Léon* avaient été traînés à la
» police correctionnelle, et que, sans pi-
» tié, M. Marchangy..... Mais écartons
» des souvenirs pénibles..... Voltaire fit
» un chant de sa Henriade à la Bastille;
» qui sait ce que nous préparent Riouste
» et Chevalier à Bicêtre?

» Electeurs, les hommes de mérite ap-
» partiènent à tous les départements; ne
» vous arrêtez point à l'idée pusillanime
» que vous pourriez trouver parmi vous

» des députés convenables : vous seriez in-
» dubitablement séduits par le charme de
» tout ce qui vous environnerait ; laissez
» à nos âmes libérales exercées à la résis-
» tance contre toutes les séductions du
» pouvoir, le soin de réduire à leur juste
» valeur toutes les belles promesses des
» gouvernants. Pourquoi redoutent-ils le
» moment où nous paraîtrons à cette tri-
» bune ? C'est qu'ils nous connaissent,
» c'est qu'ils savent qu'il n'y a aucune es-
» pèce de docilité à attendre des *Fabius*
» modernes ; c'est qu'ils sont convaincus
» que nous serons fidèles à nos serments,
» *comme par le passé ;* c'est que, sur
» l'article des *franchises nationales ,*
» quand mon collégue *Etienne* et moi
» serons nommés, nous formerons avec
» *Chauvelin , Bignon , Bondy ,* etc. un
» petit comité d'indépendance inaccessible
» aux places, *comme par le passé.*

» Voilà, citoyens électeurs, comme pe-
» tit à petit vous formerez une chambre
» toute dévouée aux vrais principes de
» *liberté*, d'*égalité*, d'*indépendance*, qui,
» soutenus par des hommes qui auront
» fait leurs preuves, ne périront jamais.

» Ah ! que protégée du ciel peut se dire
» la nation qui, après trente années d'ora-
» ges politiques, trouve encore dans son
» sein des hommes tels que nous, disposés
» à recommencer ces trente années plutôt
» que de voir porter atteinte *aux prin-*
» *cipes !*

» Et voilà pourtant ce qui nous attire
» l'animadversion de certaines gens qui
» vont jusqu'à dire qu'il eût mieux valu
» qu'on nous eût étouffés dès le ber-
» ceau ; mais tous ces vains bruits viènent
» échouer contre la fermeté de notre ré-
» solution. *Plutôt mourir* que de ne pas

» débarrasser la France de toutes les en-
» traves qui la gênent !

» Vous le voyez, électeurs, nos écrits,
» pleins de feu, pleins de sagesse, se suc-
» cèdent avec une rapidité inconcevable.
» *La Minerve*, *la Bibliothèque histori-*
» *que*, *les Lettres normandes*, *l'Homme*
» *gris* (1), *la Sentinelle de l'honneur*, *le*
» *Père Michel*, *le Correspondant élec-*
» *toral*, *le Journal général*, *le Journal*
» *du commerce*, MM. *Berton*, *de Pradt*
» et tant d'autres, frappent à coups re-
» doublés, et vous promettent de déra-
» ciner les préjugés, s'il en reste.

» Oui, citoyens électeurs, nous saurons
» justifier la confiance que vous nous au-
» rez accordée ; nous mériterons que l'on
» dise de nous ce que l'on a dit de certains
» de nos prédécesseurs, qui n'ont pas

____

(1) On va le reprendre.

» tous reçu la juste récompense de leurs
» services patriotiques ; *ils s'immoleront*
» *pour la liberté.* Nous acceptons donc
» d'avance vos suffrages, persuadés que
» nous sommes, que vous ne sauriez
» mieux les placer. »

Si M. Benjamin de Constant ne s'est point servi des mêmes expressions, prenez son pamphlet, et vous jugerez facilement que le sens est parfaitement le même. *Point d'anciens royalistes, ils veulent le retour de la féodalité ; point de nouveaux royalistes, ils veulent des places ; des indépendants à force !!* (Bien entendu que ceux-là n'en veulent pas.)

Electeurs, j'en reviens à mon cri : Des honnêtes gens, et plus de révolutionnaires !

De l'Imprimerie de C.-F. Patris, rue de la Colombe, n° 4, quai de la Cité.